Sapienza Animale: Guida Pratica per Vivere e Manifestare l'Istinto

Prefazione

In una società sempre più complessa, in cui le decisioni vengono spesso guidate da logiche razionali e dati quantificabili, ci troviamo spesso ad allontanarci da quella voce interna che conosce la saggezza senza bisogno di spiegazioni. È lì che risiede l'istinto, una forza primordiale che scorre attraverso di noi, un ricordo ancestrale della saggezza intrinseca che connette ogni essere vivente.

Questo libro, "Sapienza Animale: Guida Pratica per Vivere e Manifestare l'Istinto", è un invito a esplorare il mondo affascinante e spesso trascurato della nostra natura più profonda. Attraverso le pagine di questa guida, viaggiamo insieme attraverso l'origine evolutiva dell'istinto, sfidiamo le catene della società moderna che spesso lo reprime, e scopriamo la scienza che ne sostiene la potenza.

Il nostro obiettivo è chiaro: aiutare chi legge a riscoprire la forza dell'istinto e a imparare ad ascoltarlo con rispetto e consapevolezza. Ogni capitolo è una tappa nel percorso verso la comprensione profonda di questa connessione interna, fornendo non solo informazioni teoriche ma anche consigli pratici per integrare l'istinto nella vita quotidiana.

Il libro non solo esplora l'aspetto individuale dell'istinto, ma si spinge oltre, esaminando come questa forza primordiale possa essere un filo conduttore nella connessione con gli altri e nell'armonia dell'intero universo. Attraverso le sfide, gli errori, e la paura, impariamo che l'istinto è un compagno affidabile, una guida che può trasformare gli ostacoli in opportunità di crescita e apprendimento.
Nel capitolo finale, proiettiamo lo sguardo nel futuro, esplorando

come possiamo mantenere viva questa connessione con l'istinto nel lungo termine, adattandoci ai cambiamenti e alle sfide della vita. Il viaggio con l'istinto è un cammino continuo, un invito a vivere in sintonia con la nostra natura più autentica e a manifestare la saggezza innata che risiede in ognuno di noi.

Speriamo che questo libro sia non solo una fonte di conoscenza e ispirazione, ma anche una guida pratica per coloro che sono pronti a esplorare le profondità della loro sapienza animale. Che ogni lettore possa intraprendere il proprio viaggio con l'istinto, scoprendo un mondo di possibilità, crescita personale e connessione universale. Buon viaggio!

Capitolo 1: L'Origine dell'Istinto

Nel Cuore della Natura Primordiale: Svelare le Radici Evolutive dell'Istinto

In un intricato balletto di adattamenti e sopravvivenza, l'istinto si è manifestato come un capolavoro evolutivo, tessendo il filo invisibile che unisce gli esseri viventi a un passato remoto. In questo capitolo, ci immergiamo nelle profondità della natura primordiale, esplorando le origini dell'istinto e il suo ruolo cruciale nella sopravvivenza degli organismi.

Il Danzare delle Cellule: Scopo Primordiale nell'Evolvere della Vita

Per millenni, l'istinto ha svolto un ruolo cruciale come guida nelle decisioni vitali, plasmando il corso stesso dell'evoluzione. Attraverso l'analisi delle intricazioni delle cellule, i veri architetti di questo fenomeno straordinario, possiamo comprendere come l'istinto abbia agito come una bussola nella ricerca incessante della sopravvivenza.

Con il microscopio della biologia evolutiva, entriamo nei segreti delle prime forme di istinto. Esaminiamo come queste risposte innate siano emerse e si siano adattate per affrontare le sfide mutevoli dell'ambiente. L'istinto, come forza primitiva, ha influenzato la selezione naturale, plasmando le specie e contribuendo alla diversità straordinaria che osserviamo oggi.

Dalle cellule primordiali alle complesse reti neurali degli esseri viventi più evoluti, l'istinto è stato il filo rosso che ha unito la vita in una sinfonia di adattamento e sopravvivenza. Esaminando queste dinamiche, possiamo apprezzare il ruolo cruciale dell'istinto nel garantire la continuità della vita attraverso le ere.

Oggi, mentre esploriamo il passato dell'istinto attraverso il prisma della biologia evolutiva, possiamo anche riflettere su come questo antico compagno influenzi ancora le nostre decisioni quotidiane. L'istinto, sebbene spesso nascosto sotto il velo della modernità, continua a guidarci, influenzando scelte che possono plasmare il nostro destino e il corso dell'evoluzione della nostra società.

Attraverso questa analisi delle radici dell'istinto, possiamo acquisire una prospettiva più profonda sulla forza che ha modellato il mondo naturale. Svelando i misteri della sua origine, possiamo imparare a rispettarne la potenza e ad ascoltarne la voce nella nostra esistenza moderna. L'istinto, antico e intramontabile, persiste come un faro nelle profondità della nostra biologia, illuminando il percorso dell'umanità attraverso il labirinto della vita.

Unione tra Specie: Connessioni Profonde tra l'Istinto Umano e Animale

L'istinto, quel sussurro ancestrale che risuona in ogni fibra del nostro essere, non è un privilegio esclusivo dell'umanità. Esploriamo le sorprendenti similitudini tra l'istinto umano e quello degli altri animali, evidenziando come questa forza primordiale ci unisca a un vasto panorama di creature viventi.

Dalle migrazioni epiche degli uccelli alle intricate strategie di caccia dei predatori, siamo immersi in un mondo in cui l'istinto è il comune denominatore che attraversa il regno animale. Nel volo ordinato di uno stormo di uccelli, riveliamo una sincronizzazione impeccabile, un balletto aereo orchestrato dall'istinto migratorio che guida queste creature attraverso distanze incredibili. Nella caccia notturna di un predatore, scopriamo la precisione millimetrica dell'istinto predatorio, plasmato dall'evoluzione per garantire il successo nella sopravvivenza.

Eppure, mentre esploriamo queste manifestazioni di istinto nei nostri compagni di vita sulla Terra, scopriamo che anche l'essenza dell'istinto umano risiede nelle stesse radici evolutive. L'istinto guida le nostre decisioni, informa le nostre azioni e plasma il nostro modo di percepire il mondo. In fondo, siamo parte di una sinfonia più ampia di creature, unite da un filo invisibile di istinto che risuona attraverso il tessuto della vita stessa.

Questo viaggio ci invita a guardare oltre le differenze superficiali e a riconoscere la connessione profonda che condividiamo con gli altri abitanti di questo pianeta. L'istinto, un linguaggio universale inciso nel DNA di ogni creatura, ci collega a un vasto patrimonio di saggezza che va al di là delle barriere linguistiche e culturali.

Attraverso questa esplorazione delle similitudini tra l'istinto umano e animale, ci avviciniamo a una comprensione più profonda del nostro ruolo nel delicato equilibrio della natura. In questo legame condiviso, possiamo trovare ispirazione per onorare e proteggere il nostro pianeta, riconoscendo che l'istinto è una forza che ci unisce in un'armonia universale.

Il Passato Profondo: L'istinto Come Collegamento con la Storia dell'Essere

In questo viaggio nelle profondità del tempo, sveliamo come l'istinto sia diventato un legame prezioso con il nostro passato più remoto. Esploriamo le tracce di questo antico compagno nei miti e nelle leggende delle culture antiche, rivelando come l'umanità abbia sempre riconosciuto l'istinto come un dono sacro e un custode della saggezza ancestrale.

Attraverso le nebbie del tempo, emergono racconti che celebrano l'istinto come un potere divino, un riflesso della connessione intrinseca tra gli esseri umani e il mondo naturale. Nei miti di antiche civiltà, scopriamo come l'istinto sia stato personificato in divinità che guidano eroi attraverso prove epiche, simboleggiano il coraggio e fungono da faro nei momenti di incertezza.

Nelle leggende degli indigeni che hanno abitato terre lontane, troviamo rispetto per l'istinto come guida affidabile nella vita quotidiana e nelle decisioni cruciali. Gli antichi consideravano l'istinto come un dono degli spiriti, una forza che poteva essere onorata e ascoltata per navigare le sfide della vita.

Il richiamo dell'istinto è intessuto nella trama dei racconti epici, dove eroi seguono il battito del cuore selvaggio, guidati da un'intuizione innata che li conduce attraverso labirinti di avventure. L'istinto diventa una luce guida nelle notti oscure dell'ignoto, una bussola affidabile che orienta l'umanità attraverso le ere.

Mentre esploriamo queste leggende intorno all'istinto, riconosciamo che, anche nell'era moderna, questo legame con il passato persiste. L'istinto è più di un riflesso del nostro passato; è una forza viva che continua a fluire nelle nostre vite, un fiume che scorre attraverso la trama della nostra esistenza.

Attraverso queste storie antiche, ci avviciniamo a una verità universale: l'istinto è stato un compagno costante attraverso le epoche, un testimone delle sfide superate, delle vittorie celebrate e delle lezioni apprese. Guardiamo a questo passato con gratitudine, riconoscendo l'eredità dell'istinto come un dono prezioso che ci collega alle radici stesse della nostra umanità.

Il Potere Innato: L'istinto Come Guida nel Presente e nel Futuro

Concludiamo questo capitolo gettando uno sguardo al presente e al futuro, riconoscendo l'istinto come un potente strumento innato che va oltre la semplice sopravvivenza fisica. Attraverso l'evoluzione, siamo giunti a comprendere che l'istinto è un faro che ci guida nelle scelte quotidiane e nella realizzazione dei nostri più profondi desideri.

Nel tessuto del nostro presente, l'istinto si manifesta come un consigliere fidato, influenzando le decisioni che plasmano il nostro percorso. In un mondo in rapida evoluzione, l'istinto diventa una bussola affidabile, aiutandoci a navigare tra le sfide della modernità e a cogliere le opportunità che si presentano.

Guardando al futuro, riconosciamo che l'istinto non è solo una forza del passato, ma un alleato prezioso che ci accompagna nella costruzione del domani. Nella realizzazione dei nostri sogni e ambizioni, l'istinto emerge come un catalizzatore potente, spingendoci a esplorare territori inesplorati e a superare le nostre stesse limitazioni.

In questo intricato equilibrio tra passato, presente e futuro, l'istinto si rivela come un dono che ci collega a una storia lunga e ricca di vita. È un patrimonio ereditato attraverso le ere, un legame profondo che ci unisce a tutte le creature che hanno camminato prima di noi. Ogni pulsazione dell'istinto è un eco di antiche voci che ci invitano a onorare la saggezza innata che scorre nelle vene della nostra esistenza.

Perciò, mentre intraprendiamo il nostro cammino nel futuro, abbracciamo l'istinto come un compagno fedele. Ascoltiamolo con rispetto e consapevolezza, consapevoli che in esso risiede il potere di guidarci verso una realizzazione personale più profonda e di connetterci a un destino condiviso con tutto ciò che vive.
L'istinto, con la sua bellezza intrinseca e la sua guida instancabile, continua a illuminare

il sentiero che percorriamo,
unendo passato, presente e
futuro in una sinfonia eterna di
vita.

Capitolo 2: La Società Moderna e la Soppressione dell'Istinto

I Filtri Sociali: Pressioni e Conformità nell'Era Moderna

Nell'epoca frenetica della società moderna, dove il progresso tecnologico si scontra con le radici più profonde dell'essere umano, esploriamo il modo in cui l'istinto è spesso soffocato sotto il peso delle aspettative sociali. Le pressioni per aderire a standard predefiniti e il timore di essere giudicati impediscono frequentemente l'espressione libera e autentica dell'istinto.

In questa era di connessione digitale costante, l'umanità si trova ad affrontare una paradossale disconnessione dai suoi impulsi primordiali. La corsa verso il progresso e la conformità alle norme sociali possono portare a una distorsione dell'istinto, riducendolo a un sussurro indecifrabile nel caos della vita moderna.

Le aspettative sociali, spesso basate su concetti di successo predeterminati, possono fungere da catene invisibili che limitano la libertà dell'istinto. La paura del giudizio sociale può rendere difficile l'ascolto di quella voce interna che guida verso autentiche realizzazioni personali.

Il nostro tentativo di adattarci a uno stile di vita standardizzato, di seguire percorsi prestabiliti senza considerare l'istinto, può portare a un senso di vuoto interiore e a una mancanza di connessione con la nostra vera essenza. L'istinto, il nostro antico alleato nella ricerca della sopravvivenza, si trova a combattere contro le barriere della modernità, cercando di emergere in un mondo che spesso preferisce la razionalità alla saggezza innata.

Tuttavia, riconoscendo questa sfida, possiamo iniziare a ribaltare il trend. Imparare a riconoscere e onorare il nostro istinto può aprirci a una vita più autentica e appagante. Liberare l'istinto dalle catene della conformità sociale può portare a un rinnovato senso di libertà e consapevolezza.

Attraverso la consapevolezza di come la società moderna può soffocare l'istinto, possiamo intraprendere un percorso di riscoperta di questa forza vitale. L'istinto, se ascoltato con attenzione, può diventare una guida preziosa nella navigazione dei complessi mari della vita moderna. In questa riscoperta, possiamo sperare di ritrovare il filo d'oro della nostra autenticità, intrecciato con la trama ricca e intricata della vita.

Il Teatro del Giudizio: Come la Paura del Giudizio Colpisce l'Istinto

Attraverso un'analisi approfondita, mettiamo a nudo la paura pervasiva del giudizio sociale, che agisce come una forza paralizzante contro l'istinto spontaneo. Esaminiamo come la società abbia costruito un palcoscenico in cui ogni mossa viene scrutinata, portando molti a reprimere il proprio istinto per paura di essere esclusi o criticati.

Il giudizio sociale, come una spada a doppio taglio, si insinua nelle pieghe della nostra psiche, alimentando la paura del rifiuto e della disapprovazione. In questo contesto, l'istinto, che dovrebbe essere una forza guida libera, si trova spesso intrappolato nella gabbia delle aspettative altrui.

La società moderna, con i suoi standard predefiniti di successo e felicità, crea un terreno fertile per la paura del giudizio. I social media, in particolare, fungono da vetrine virtuali in cui ognuno è chiamato a presentare una versione curata e filtrata di sé stesso. Questo ambiente digitale amplifica la pressione di conformarsi, spingendo molte persone a mettere in secondo piano l'istinto autentico in favore di una rappresentazione accettabile.

La paura di essere esclusi, di essere giudicati come diversi o non all'altezza degli standard sociali, può diventare un freno potente contro l'espressione libera dell'istinto. Le persone potrebbero ritrovarsi a sacrificare la loro autenticità sull'altare dell'accettazione sociale, ignorando l'istinto che, al contrario, potrebbe portare a una vita più autentica e appagante.

Esplorando questa dinamica, invitiamo a una riflessione profonda sulle radici della paura

del giudizio sociale. Forse,
nell'affrontare questa paura,
possiamo iniziare a liberare
l'istinto dalle catene
dell'approvazione esterna.
Nell'abbracciare la nostra unicità
e nel permettere all'istinto di
emergere senza paura, possiamo
scoprire nuove dimensioni di
realizzazione personale e
connessione umana.
In questo viaggio verso la
liberazione dall'oppressione del
giudizio sociale, cerchiamo di
creare uno spazio in cui l'istinto
possa fiorire senza timori. Solo
allora potremo veramente
assaporare la dolce melodia della
nostra autenticità, senza essere
affogati nel rumore del giudizio
esterno.

**Il Paradosso della Conformità:
La Soppressione dell'Istinto e i
Rischi Associati**

Approfondiamo ora le
conseguenze psicologiche della
soppressione dell'istinto,

esponendo i rischi associati a questo processo. Dallo sviluppo di sintomi di stress e ansia al senso pervasivo di insoddisfazione personale, il capitolo svela il paradosso della conformità e come la società moderna, sebbene orientata al progresso, possa spesso ostacolare il benessere individuale.

La soppressione dell'istinto può agire come un veleno sottile, infiltrandosi nell'anima e manifestandosi in una serie di conseguenze psicologiche deleterie. Lo stress, risultato della costante lotta contro l'istinto naturale, si sviluppa come una reazione al conflitto interno tra ciò che sentiamo di volere e ciò che la società ci dice di fare. Questo stress cronico può avere effetti dannosi sulla salute mentale, aumentando il rischio di condizioni come l'ansia e la depressione.

L'ansia, compagna spesso silenziosa della soppressione dell'istinto, può emergere come una risposta alla discordia interna. La paura di non essere accettati o di fallire nel seguire le aspettative sociali può generare un costante stato di apprensione, minando la tranquillità mentale e ostacolando la capacità di godere appieno delle esperienze quotidiane.

Il senso di insoddisfazione personale è un'altra conseguenza tangibile della soppressione dell'istinto. Quando ci sforziamo di adattarci a standard che vanno contro la nostra natura, il risultato spesso è un vuoto interiore, un sentimento che qualcosa non va nonostante i successi esteriori. La ricerca di significato e autenticità può diventare una sfida titanica quando l'istinto è costantemente relegato in secondo piano.

Il paradosso della conformità emerge chiaramente quando ci rendiamo conto che, sebbene la società moderna sia orientata al progresso e all'innovazione, il suo modello di successo spesso poggia su standard uniformi e stereotipati. La conseguenza è che, mentre avanziamo come società, possiamo allo stesso tempo retrocedere nel nostro benessere individuale.

Attraverso questo esame critico, cerchiamo di stimolare una riflessione profonda sulla necessità di bilanciare il progresso sociale con la considerazione del benessere psicologico individuale. La liberazione dell'istinto può essere vista come una forma di resistenza contro le forze che vorrebbero omologare l'individualità umana. Solo abbracciando la nostra autenticità possiamo sperare di superare le barriere psicologiche imposte dalla soppressione dell'istinto e intraprendere un cammino verso una vita più soddisfacente e significativa.

**La Strada verso il
Conformismo: Il Pericolo delle
Norme Predeterminate**

Attraverso esempi tratti dalla vita
quotidiana, esploreremo come le
norme sociali predeterminate
creino una strada preconfezionata
che, in molti casi, impedisce il
libero fluire dell'istinto.
Esaminando il pericolo di seguire
le orme tracciate da altri senza
interrogare il nostro istinto,
rischiamo di perdere la ricchezza
e la diversità delle esperienze
individuali.

Immagina una situazione comune:
la scelta di una carriera. Spesso,
la società promuove una visione
tradizionale del successo legata a
specifiche professioni. Molti
seguono questa traccia
predefinita, ignari del fatto che
l'istinto potrebbe spingerli verso
percorsi alternativi, magari meno
convenzionali ma più in sintonia
con le loro vere passioni e abilità.

Nel mondo delle relazioni, le norme sociali possono dettare come dovrebbero svilupparsi gli incontri romantici e quali sono gli standard di successo. Seguire acriticamente queste convenzioni può farci perdere l'opportunità di connetterci in modo autentico con le persone e di ascoltare le nostre vere inclinazioni affettive.

In ambito creativo, le aspettative sociali possono limitare la libertà espressiva. La paura del giudizio può spingere artisti, scrittori o musicisti a conformarsi a canoni predeterminati anziché seguire il loro istinto creativo. In questo modo, rischiamo di perdere la bellezza della diversità artistica e culturale che deriva dall'espressione libera dell'istinto.

Nel contesto delle decisioni quotidiane, come la scelta di abbigliamento o di hobby, spesso siamo condizionati dalle norme sociali dominanti. L'istinto personale, che potrebbe suggerire scelte più autentiche e significative, può essere soffocato dall'adesione acritica a modelli predefiniti.

Questi esempi evidenziano il rischio intrinseco nel seguire passivamente le norme sociali senza ascoltare il nostro istinto. Il risultato può essere una società di individui che seguono percorsi uniformi, perdendo la ricchezza della diversità umana e delle esperienze uniche.

Nella riflessione su questi scenari, invitiamo a una maggiore consapevolezza delle influenze sociali e a un rinnovato impegno nell'ascolto dell'istinto individuale. Solo abbracciando la nostra unicità possiamo sperare di ampliare il panorama delle possibilità, contribuendo così a una società più inclusiva, vibrante e autentica.

Il Camuffamento dell'Istinto: Come la Soppressione si Nasconde dietro le Facade

Riveliamo ora le abili maschere dietro le quali l'istinto soffocato si nasconde. Esaminiamo come la società moderna spesso incoraggi la costruzione di facciate che celano la vera natura dell'individuo, portando a una perdita di connessione con il proprio sé autentico.

Nella corsa verso la conformità sociale, molti individui si trovano a indossare maschere elaborate, scelte per adeguarsi agli standard predefiniti. Queste maschere possono assumere varie forme: la maschera del successo, che nasconde le sfide interiori dietro un'apparenza di perfezione; la maschera della felicità, che camuffa le difficoltà personali dietro un sorriso radiante; o la maschera della normalità, che cerca di mimetizzarsi con le aspettative sociali, anche a costo di sacrificare l'autenticità.

Le pressioni della società moderna spesso spingono le persone a costruire queste facciate intricate. Il timore del giudizio sociale, combinato con il desiderio di appartenenza e accettazione, può portare all'adozione di comportamenti e ruoli che sono lontani dalla verità interiore. In questo processo, l'istinto autentico viene soffocato sotto il peso delle aspettative esterne, lasciando dietro di sé una versione filtrata e distorta del sé.

Le maschere, sebbene possano fornire temporaneo conforto o adattamento sociale, alla lunga creano una frattura tra l'individuo e la sua essenza autentica. La perdita di connessione con il proprio sé interiore può portare a un senso di vuoto e insoddisfazione, poiché la persona continua a cercare apprezzamento e riconoscimento all'esterno, ignorando la ricchezza del proprio istinto interno. Questo fenomeno non solo impatta l'individuo, ma contribuisce anche alla formazione di una società in cui le interazioni spesso avvengono tra maschere, piuttosto che tra esseri autentici.

La mancanza di trasparenza e la diffidenza verso la vulnerabilità umana possono indebolire i legami relazionali, alimentando una cultura dell'apparenza piuttosto che della sostanza. Esplorare queste maschere è un invito a una riflessione profonda sulla natura dell'istinto e sulla necessità di riscoprire il coraggio di essere veri. Solo abbandonando le maschere e abbracciando l'autenticità possiamo sperare di riconnetterci con il nostro istinto più profondo e di costruire relazioni significative basate sulla genuinità e sulla comprensione reciproca.

Un Approccio Consapevole: Liberare l'Istinto dalla Gabbia Sociale

Concludiamo il capitolo offrendo un approccio consapevole alla liberazione dell'istinto dalla gabbia sociale. Forniremo strategie pratiche per superare la paura del giudizio, sfidare le norme predefinite e abbracciare un modo di vivere più autentico, in cui l'istinto diventa una forza guida nella ricerca della felicità e della realizzazione personale. Attraverso un viaggio illuminante nella società contemporanea, questo capitolo si propone di suscitare la consapevolezza sulle influenze che minano l'espressione libera dell'istinto e di fornire strumenti per liberare questa forza primordiale, permettendo così una vita più autentica e appagante.

Liberare l'Istinto: Un Approccio Consapevole

- **Consapevolezza della Società:** Il primo passo verso la liberazione dell'istinto è la consapevolezza. Riconoscere le influenze della società e le norme predefinite che limitano l'espressione autentica è il fondamento per un cambiamento significativo.

- **Esplorazione Interiore:** Dedica del tempo all'esplorazione interiore. Fai domande profonde su ciò che veramente desideri, quali sono i tuoi valori e cosa ti rende autenticamente felice. Questo processo aiuta a identificare e connettersi con il proprio istinto.

- **Accettazione della Vulnerabilità:** Liberare l'istinto richiede coraggio e accettazione della propria vulnerabilità. Essere autentici significa essere disposti a mostrarsi al mondo con tutte le sfaccettature, senza temere il giudizio altrui.

- **Sfidare le Norme:** Abbraccia la sfida di rompere le catene delle norme predefinite. Sperimenta modi diversi di vivere, prendi decisioni basate sul tuo istinto anziché sulle aspettative esterne. La sfida crea opportunità di crescita e di scoperta.

- **Costruire Comunità Autentiche:** Cerca connessioni con coloro che apprezzano la tua autenticità. La costruzione di comunità autentiche crea uno spazio sicuro in cui l'istinto può fiorire senza timori.

- **Praticare la Gratitudine:** Riconoscere e apprezzare il proprio istinto è fondamentale. La pratica della gratitudine per le esperienze guidate dall'istinto rafforza il legame con questa forza primordiale.

Alla Ricerca di una Vita Autentica

In un mondo in cui le pressioni sociali spesso ci spingono a conformarci, liberare l'istinto diventa un atto rivoluzionario di autenticità. Questo viaggio verso la realizzazione personale attraverso l'ascolto e l'espressione dell'istinto è un invito a una vita più profonda e appagante. Attraverso la consapevolezza e l'azione intenzionale, possiamo coltivare

una società in cui ognuno può
vivere con il coraggio di seguire il
proprio istinto, contribuendo così
a un mondo più ricco di diversità,
comprensione e autenticità.

Capitolo 3: La Scienza dietro l'Istinto

L'Orchestra Cerebrale: Un Viaggio nell'Elaborazione dell'Istinto

Approfondiamo il mondo affascinante della scienza per svelare i misteri dell'istinto. Esploreremo come il cervello, con la sua complessa sinfonia di neuroni e segnali chimici, elabori le informazioni istintive, rivelando così i meccanismi sottili di questa forza primordiale.

Il cervello, vero palcoscenico dell'istinto, ospita una straordinaria rappresentazione guidata dalla sinfonia dei neuroni. In questo intricato teatro biologico, esploriamo come il cervello traduca segnali istintivi in azioni tangibili. Il sistema nervoso, tessuto nella trama di questa sinfonia istintiva, coordina risposte immediate che spesso precedono la consapevolezza razionale.

Le regioni chiave coinvolte nell'istinto emergono come attori principali. L'amigdala, custode delle emozioni, e il sistema limbico, responsabile delle risposte comportamentali, collaborano in un intricato balletto che influenza il nostro modo di percepire e rispondere al mondo. La corte prefrontale, centro decisionale del cervello, svolge un ruolo fondamentale nel processo istintivo, elaborando informazioni dalle regioni emozionali e trasformando segnali istintivi in decisioni consapevoli o azioni immediate.

Il linguaggio del cervello si svela attraverso il mondo delle sinapsi e dei neurotrasmettitori. La chimica cerebrale, con sostanze come la dopamina e la serotonina, modula l'intensità e la direzione delle risposte istintive, creando una coreografia biochimica unica.

Concludiamo il capitolo evidenziando come l'istinto sia un processo dinamico e continuo, una sinfonia in evoluzione plasmata dalle esperienze e adattata alle sfide della vita quotidiana.

Attraverso questo viaggio nel cuore della scienza dell'istinto, ci avviciniamo a una comprensione più profonda di come il cervello sia l'orchestra che dirige la melodia dell'istinto. Questo capitolo ci offre uno sguardo approfondito sui meccanismi che guidano la forza primordiale dell'istinto, gettando una luce illuminante su un aspetto fondamentale della nostra natura umana.

Il Centro delle Decisioni: L'Istinto e il Cervello

Ci immergiamo nell'analisi delle regioni cerebrali coinvolte nell'elaborazione dell'istinto, mettendo in luce il ruolo cruciale

del cervello nel tradurre segnali istintivi in azioni tangibili. Esploriamo come l'amigdala, il sistema limbico e altre aree cerebrali interagiscano per formare una rete intricata che guida il processo decisionale basato sull'istinto.
Il Palcoscenico Cerebrale dell'Istinto

Il cervello è il palcoscenico su cui si svolge il dramma dell'istinto. Le regioni cerebrali diventano i protagonisti di questa rappresentazione, con l'amigdala e il sistema limbico in particolare a guidare la danza complessa delle risposte istintive.

L'Amigdala: Custode delle Emozioni

Situata nel sistema limbico, l'amigdala emerge come il custode delle emozioni. Il suo ruolo nell'identificare segnali di pericolo e opportunità scatena risposte istintive che plasmano il nostro comportamento.

Il Sistema Limbico: Emozioni e Comportamento

Il sistema limbico, coinvolto nelle emozioni e nelle risposte comportamentali, interagisce con l'amigdala. Questa collaborazione forma una rete intricata che influenza il modo in cui interpretiamo il mondo e agiamo in base agli impulsi istintivi.

Altre Regioni Coinvolte

Oltre all'amigdala e al sistema limbico, esploriamo altre regioni cerebrali chiave coinvolte nell'elaborazione dell'istinto. Come si integrano queste regioni nella coreografia delle decisioni istintive? Scopriremo come il cervello lavora sinergicamente per tradurre impulsi istintivi in comportamenti tangibili.

**La Danza delle Decisioni
Istintive**

Osservando la dinamica della
danza delle decisioni istintive.
Come il cervello orchestra questa
sinfonia di risposte istintive,
fornendo un'illuminante
prospettiva sulla complessità di
questo processo neurobiologico.
Attraverso questa analisi delle
regioni cerebrali coinvolte
nell'istinto, ci addentreremo nei
meccanismi sottili e affascinanti
che definiscono la nostra capacità
di rispondere istintivamente al
mondo che ci circonda.

**Neurotrasmettitori e Chimica
dell'Istinto: Il Linguaggio del
Cervello**

Approfondiamo il linguaggio
chimico del cervello, esplorando il
ruolo dei neurotrasmettitori
nell'istinto. Dalla dopamina
all'ossitocina, sveliamo come
queste sostanze chimiche
influenzino il modo in cui

percepiamo e rispondiamo agli stimoli esterni, modellando così il nostro istinto e la nostra risposta emotiva.

Il Linguaggio Chimico del Cervello

Il cervello comunica attraverso un intricato linguaggio chimico, dove i neurotrasmettitori svolgono un ruolo chiave. Queste sostanze chimiche fungono da messaggeri tra i neuroni, trasmettendo segnali e facilitando la comunicazione all'interno del sistema nervoso.

Dopamina: La Sostanza del Piacere e della Motivazione

La dopamina è spesso associata al piacere e alla motivazione. Esploriamo come questa sostanza chimica influenzi le sensazioni di soddisfazione e gioia, creando connessioni tra comportamenti istintivi gratificanti e la sensazione di benessere.

Serotonina: Regolatore
dell'Umore e delle Emozioni

La serotonina svolge un ruolo chiave nel regolare l'umore e le emozioni. Analizziamo come questa sostanza chimica contribuisca alla stabilità emotiva, influenzando la nostra capacità di rispondere istintivamente a situazioni stressanti o gratificanti.

Noradrenalina: La Sostanza dell'Eccitazione e dell'Allerta

La noradrenalina è coinvolta nell'attivazione del corpo in situazioni di allerta. Vediamo come questa sostanza chimica influisca sulla nostra prontezza e capacità di rispondere istintivamente a stimoli ambientali, preparandoci per situazioni di pericolo.

Ossitocina: Il Legame Sociale e Affettivo

L'ossitocina è nota per il suo ruolo nel favorire il legame sociale e affettivo. Esaminiamo come questa sostanza chimica moduli la nostra capacità di connetterci istintivamente con gli altri, promuovendo relazioni e legami significativi.

Endorfine: Il Benessere e il Rilassamento

Le endorfine sono coinvolte nella gestione del dolore e nel promuovere il benessere. Esploriamo come queste sostanze chimiche possano modulare la nostra risposta istintiva a situazioni stressanti, promuovendo uno stato di rilassamento e tranquillità.

Un Balletto Chimico nell'Istinto

Concludiamo analizzando come questi neurotrasmettitori danzino

insieme nel processo istintivo.
Come si combinano per creare
una melodia unica che guida le
nostre risposte e le nostre azioni
istintive?
Attraverso questa esplorazione
del linguaggio chimico del
cervello, gettiamo una luce sulle
influenze biochimiche che
plasmano il nostro istinto,
sottolineando la complessità e la
bellezza di questa sinfonia
neurobiologica.

**La Connessione Nervosa:
Intrecci tra l'Istinto e il Sistema
Nervoso**

In questa sezione, risaliamo
insieme la catena di comando fino
al sistema nervoso, esaminando
come segnali elettrici e impulsi
nervosi si propaghino in ogni
cellula, collegando l'istinto al tuo
corpo. Scopriamo insieme il ruolo
cruciale della percezione
sensoriale e della risposta motoria
nell'espressione del tuo istinto,
dimostrando come questa

connessione sia essenziale per la tua risposta istintiva all'ambiente circostante.

La Tua Catena di Comando Nervoso

Immagina il tuo sistema nervoso come una sofisticata catena di comando, trasmettendo segnali elettrici e impulsi nervosi da una parte all'altra del tuo corpo. Esploreremo come questa rete intricata sia il veicolo attraverso cui il tuo istinto si manifesta.

Dal Tuo Cervello al Tuo Corpo: Il Viaggio degli Impulsi Nervosi

Seguiremo insieme il percorso degli impulsi nervosi che viaggiano dal tuo cervello, il centro decisionale, verso ogni cellula del tuo corpo. Tramite il midollo spinale e i nervi periferici, questi impulsi porteranno istruzioni istintive a ogni parte di te, coordinando una risposta sinergica e istantanea.

I Tuoi Sensi: L'Input del Tuo Istinto

Riflettiamo sul ruolo fondamentale dei tuoi sensi come input per il tuo istinto. I tuoi organi sensoriali trasformano stimoli esterni in segnali elettrici, avviando il processo di interpretazione e risposta istintiva. Come il tuo cervello traduce queste informazioni in istruzioni istintive?

La Tua Risposta: L'Output del Tuo Istinto

Esploriamo insieme la tua risposta motoria come output del tuo istinto. Come gli impulsi nervosi attivano i tuoi muscoli e coordinano movimenti che riflettono la tua risposta istintiva? Scopriamo come il tuo corpo, attraverso la risposta motoria, esprime il tuo istinto nel mondo circostante.

Connessione Essenziale: Il Tuo Istinto e il Tuo Sistema Nervoso

Concludiamo sottolineando l'essenziale connessione tra il tuo istinto e il tuo sistema nervoso. Questa relazione dinamica è vitale per la tua capacità di rispondere prontamente, istintivamente e in modo adattativo alle sfide e alle opportunità che l'ambiente ti presenta.

Attraverso questa esplorazione della tua catena di comando nervoso, cerchiamo di illuminare la sinergia tra il tuo istinto e il tuo sistema nervoso, evidenziando come questa connessione sia fondamentale per la tua espressione istintiva e la tua interazione con il mondo.

Studi di Neuroscienza: Illuminare l'Importanza dell'Istinto

Ora esploriamo insieme un affascinante mondo di scoperte

scientifiche che hanno gettato luce sull'importanza cruciale dell'istinto nella tua vita quotidiana. La neuroscienza, con le sue ricerche pionieristiche, ci offre una panoramica straordinaria su come l'istinto giochi un ruolo chiave nel plasmare il nostro pensiero e comportamento.

Illuminando l'Istinto Attraverso la Neuroscienza

Immagina di trovarci nel laboratorio degli studiosi della mente e del cervello. Qui, gli scienziati hanno condotto esperimenti illuminanti per comprendere come l'istinto si manifesti in ogni aspetto della tua vita.

Decisioni Complesse e l'Invisibile Guida dell'Istinto

Studi approfonditi hanno rivelato che anche nelle decisioni più complesse, l'istinto gioca un ruolo

invisibile ma potente. Il tuo
cervello, con una maestria
affascinante, soppesa
istintivamente opzioni, guidandoti
verso scelte che rispecchiano la
saggezza innata del tuo istinto.

Momenti di Creatività: Quando l'Istinto Prende il Timone

Esploriamo insieme quei momenti
di creatività, quegli scintillanti
istanti in cui l'ispirazione sembra
scaturire dal nulla. La
neuroscienza ci rivela che anche
qui, dietro le quinte, l'istinto sta
plasmando il tuo pensiero
creativo, suggerendoti soluzioni
brillanti e visioni audaci.

La Ricerca di Studi e Scoperte

Navighiamo tra gli studi che
esplorano come l'istinto influenzi
il tuo modo di percepire il mondo
e prendere decisioni. Dalle
espressioni facciali alle reazioni
emotive, dalla memoria al
processo decisionale, ogni

aspetto della tua vita è intrecciato con l'istinto.

L'Istinto Come Guida Affidabile

Concludiamo riflettendo su come la neuroscienza abbia stabilito chiaramente che l'istinto non è solo un compagno di viaggio, ma una guida affidabile nella tua esperienza quotidiana. Attraverso un intricato balletto neurale, il tuo istinto si rivela come un alleato prezioso, plasmando la tua esistenza in modi che spesso sfuggono alla consapevolezza cosciente.
In questo affascinante viaggio attraverso la ricerca scientifica, impariamo a riconoscere e apprezzare l'inestimabile ruolo che l'istinto svolge nel modellare la tua vita. Siamo pronti a esplorare insieme questo mondo intrigante?

Istinto e Creatività: L'Alchimia Cerebrale della Genialità

In questo affascinante capitolo, esploriamo il connubio straordinario tra istinto e creatività, rivelando come questa coppia dinamica sia una fonte inesauribile di ispirazione e innovazione. Dall'osservazione di menti geniali a studi approfonditi sulla creatività, dimostriamo come l'istinto sia il terreno fertile su cui germoglia il pensiero fuori dagli schemi e la soluzione di problemi complessi.

L'Istinto Come Fucina Creativa

Immergiamoci in storie affascinanti di geni creativi che, consapevoli o meno, hanno abbracciato il potere dell'istinto nelle loro opere rivoluzionarie. Da artisti visionari a menti scientifiche illuminate, l'istinto si manifesta come un alleato insostituibile nella ricerca della novità e dell'originalità.

Studi sulla Creatività: Il Sottile Equilibrio tra Struttura e Caos

Attraverso studi approfonditi sulla creatività, esaminiamo il sottile equilibrio tra la necessaria struttura mentale e la libertà creativa che l'istinto offre. Scopriamo come le menti creative navigano tra ordinato e caotico, trovando nell'istinto la chiave per aprire porte verso nuovi orizzonti di pensiero.

Approccio Scientifico: Il Cervello, l'Istinto e la Creatività Intrecciati

Concludiamo con un approccio scientifico illuminante, offrendo al lettore una visione approfondita della complessità del cervello e della sua intrecciata connessione con l'istinto. Attraverso la scienza, acquisiamo una comprensione più profonda di come questa forza primordiale sia intricatamente legata alla nostra biologia, plasmando in modo fondamentale il nostro modo di vivere e percepire il mondo.

In questo capitolo, scoprirai che l'istinto non è solo il custode della sopravvivenza, ma anche il mentore segreto della creatività. La sua influenza sottile e potente permea il tessuto del pensiero umano, offrendo la chiave per sbloccare il potenziale illimitato della tua mente creativa. Siamo pronti a esplorare insieme questo intrigante territorio della mente e dell'istinto?

Capitolo 4: Ascoltare l'Istinto - Il Primo Passo

L'Istinto Come Guida Interiore: Un Invito alla Consapevolezza

Nel cuore pulsante di questo capitolo, ci immergiamo nella pratica dell'ascolto dell'istinto, rivelando il suo potere come primo passo fondamentale verso una vita più autentica e appagante. Con occhi attenti, esploreremo come l'istinto, spesso soffocato dalle voci esterne e dalle aspettative sociali, possa emergere come una guida interiore potente se solo impariamo ad ascoltarlo.

La Voce Silenziosa Dentro di Te

Iniziamo riconoscendo che l'istinto parla in una lingua sottile, una voce silenziosa che risuona dentro di te. Attraverso esempi illuminanti, scopriremo come questo sussurro interiore possa offrirti saggezza e intuizioni profonde.

Sfumature dell'Istinto: Distinguere il Rumore dalla Realtà

Esploriamo insieme le sfumature dell'istinto, imparando a distinguere il rumore delle influenze esterne dalla pura realtà del tuo istinto. Attraverso esercizi pratici e riflessioni guidate, ti guiderò nel processo di sintonizzazione con la voce autentica che risiede in te.

Sconfiggere le Barriere Mentali: Liberare l'Istinto Bloccato

Affronteremo le barriere mentali che spesso impediscono di ascoltare l'istinto. Scopriremo insieme come liberare l'istinto bloccato, consentendo a questa forza primordiale di fluire liberamente nella tua consapevolezza.

Esempi di Vita Reale: Storie di Coloro che Hanno Ascoltato

Racconto storie di vita reale di individui che hanno abbracciato l'ascolto dell'istinto, narrando i momenti in cui hanno seguito il loro sesto senso e i risultati sorprendenti che ne sono scaturiti.

Il Potere di Dirsi Sì: Consentire all'Istinto di Guidare

Concludiamo evidenziando il potere trasformativo di dire sì all'istinto, permettendogli di guidare il tuo cammino. Attraverso questo atto di fiducia, scoprirai come l'istinto può diventare un faro luminoso nella tua ricerca di una vita autentica e significativa.

In questo capitolo, ti invito a un viaggio intimo di autoesplorazione, una danza con la tua voce interiore. Siamo pronti a sollevare il velo e a scoprire insieme la forza rivelatrice dell'istinto?

Sfida alle Barriere Mentali: Liberare l'Istinto dalla Prigione della Mente

Affrontiamo insieme le barriere mentali che talvolta impediscono di ascoltare l'istinto. Analizzeremo le paure, i dubbi e gli stereotipi culturali che possono mettere in dubbio la validità del nostro istinto. In questo capitolo, scoprirai strategie pratiche per superare questi ostacoli, aprendo la porta a una connessione più profonda con il tuo sé istintivo.

Esplorare le Paure che Bloccano l'Istinto

Iniziamo affrontando le paure che possono fungere da barriere

all'ascolto dell'istinto.
Analizzeremo le radici di queste paure, che possono spaziare dalla paura del giudizio al timore del fallimento, rivelando come comprendere e affrontare queste emozioni può aprire la strada alla liberazione dell'istinto.

Dubbi e Sfide Interiori

Esamineremo i dubbi interiori che talvolta ci assalgono quando consideriamo di seguire il nostro istinto. Attraverso esempi pratici e casi studio, esploreremo come affrontare questi dubbi e trasformarli in opportunità per una maggiore comprensione di noi stessi e delle nostre inclinazioni naturali.

Stereotipi Culturali: Rompere le Catene

Analizzeremo anche gli stereotipi culturali che possono influenzare negativamente la percezione dell'istinto. Scoprirai come riconoscere e sfidare questi stereotipi, aprendo la strada a una visione più libera e autentica del tuo sé istintivo.

Strategie Pratiche per la Liberazione dell'Istinto

Concluderemo offrendo strategie pratiche per superare queste barriere mentali, consentendo all'istinto di emergere con chiarezza. Attraverso esercizi di consapevolezza, meditazioni guidate e approcci olistici, sarai guidato nel processo di liberazione dell'istinto bloccato.

Attraverso questo capitolo, ti invito a esplorare il terreno interiore delle tue paure e dei tuoi dubbi, affrontando gli ostacoli che possono separarti dalla saggezza innata del tuo istinto. Sei pronto a rompere le catene e a permettere al tuo istinto di fiorire liberamente?

Rompere le Catene Sociali: Liberare l'Istinto dalla Pressione Esterna

Esploriamo insieme come la pressione sociale possa spesso limitare la libertà di seguire l'istinto. In questo capitolo, analizzeremo esempi tangibili che mostrano come rompere le catene della conformità sociale possa permettere all'istinto di emergere senza restrizioni. Avanzeremo anche consigli pratici su come affrontare il giudizio altrui e abbracciare la propria autenticità.

Le Catene Invisibili della Conformità

Iniziamo svelando le catene invisibili della conformità sociale che possono soffocare l'istinto. Esamineremo come le aspettative degli altri e gli standard predefiniti possano creare barriere all'espressione libera del tuo sé istintivo.

Esempi Tangibili di Liberazione

Racconteremo storie tangibili di individui che hanno rotto le catene della conformità sociale, permettendo all'istinto di fiorire senza restrizioni. Questi esempi illumineranno il percorso verso la libertà individuale e ispireranno il lettore a considerare modi simili di liberare il proprio istinto.

Affrontare il Giudizio Altrui con Fiducia

Affronteremo la sfida del giudizio altrui, offrendo consigli pratici su come sviluppare la fiducia necessaria per affrontare e superare il timore del giudizio. Attraverso strategie di autenticità, ti guideremo nel processo di essere fedele a te stesso nonostante le opinioni esterne.

L'Abbraccio dell'Autenticità

Concluderemo sviluppando il tema dell'autenticità come chiave per liberare l'istinto. Attraverso esercizi pratici e riflessioni guidate, ti aiuteremo a abbracciare la tua autenticità, aprendo la strada a un'espressione più libera e appagante del tuo istinto.

Attraverso questo capitolo, ti invito a esplorare il coraggio di rompere le catene della conformità sociale, aprendo spazi per l'emergere del tuo istinto autentico. Sei pronto a liberarti dalle aspettative altrui e a consentire all'istinto di guidarti verso la tua vera essenza?

Il Linguaggio Segreto dell'Istinto: Come Identificare i Segnali Silenziosi

esploreremo insieme il linguaggio segreto dell'istinto e impareremo a decifrarne i messaggi. L'istinto spesso comunica con noi attraverso un sussurro, una voce delicata che cerca di guidarci. Esamineremo situazioni reali in cui l'istinto è intervenuto, portando a decisioni sagge e intuitive che hanno fatto la differenza tra il successo e l'insuccesso, la felicità e la delusione.

Il Sussurro dell'Istinto

Riconosciamo innanzitutto che l'istinto comunica in modo sottile. Narreremo storie di vita reale che illustrano chiaramente il potere del linguaggio dell'istinto. Questi esempi serviranno da guide luminose, mostrandoti come l'istinto può offrire insight preziosi nelle decisioni quotidiane e nelle sfide più impegnative.

Esempi Illuminanti

Attraverso esempi tangibili, metteremo in evidenza il modo in cui l'istinto ha guidato individui in situazioni cruciali. Questi esempi pratici dimostreranno come l'ascolto attivo dell'istinto possa portare a scelte che rispecchiano la saggezza innata.

Allenare la Mente all'Istinto

Ti fornirò esercizi pratici per allenare la tua mente a riconoscere e interpretare i segnali istintivi. Questo processo di allenamento costante ti renderà sempre più abile nel tradurre il linguaggio segreto dell'istinto in azioni concrete nella tua vita quotidiana.

L'Arte dell'Ascolto Attivo

Concluderemo esplorando l'arte dell'ascolto attivo dell'istinto. Ti guiderò nel creare uno spazio mentale propizio alla connessione con la voce interiore, consentendoti di accogliere saggezza ed intuizioni in modo consapevole.

Siamo pronti a immergerci insieme nel linguaggio segreto dell'istinto? Partecipa a questo viaggio di auto-esplorazione e scopri come decifrare i messaggi che il tuo istinto ha da offrire.

Esercizi Guidati: Percorsi per Connessioni più Profonde con l'Istinto

Esercizi guidati progettati per aiutarti a sintonizzarti con il tuo istinto. Ogni esercizio è concepito per fornire un percorso concreto per lo sviluppo di una consapevolezza istintiva più forte. Attraverso pratiche come la meditazione istintiva e la riflessione guidata, supereremo insieme le resistenze mentali e sociali, aprendo la via a una connessione più autentica con il tuo istinto.

Esercizio 1: Meditazione Istintiva

Ti guiderò attraverso una meditazione istintiva che ti aiuterà a concentrarti sulla voce interiore. Attraverso la consapevolezza del respiro e il rilassamento mentale, potrai aprire la mente a un ascolto più profondo del tuo istinto.

Esercizio 2: Riscoprire il Silenzio

Esploreremo l'importanza del silenzio nella connessione con l'istinto. Attraverso esercizi di riflessione guidata, imparerai a creare spazi di silenzio mentale che favoriscono l'emergere delle intuizioni istintive.

Esercizio 3: Dialogo con l'Istinto

Ti guiderò in un esercizio di dialogo con l'istinto, incoraggiandoti a porre domande e ascoltare le risposte che emergono dalla profondità della tua coscienza. Questo esercizio rafforzerà il tuo legame con la voce interiore.

Esercizio 4: Esplorare i Luoghi Intuitivi

Esamineremo come esplorare luoghi che ispirano intuizione possa amplificare la tua consapevolezza istintiva. Ti fornirò indicazioni su come sfruttare l'energia di questi luoghi per rafforzare la tua connessione con l'istinto.

Esercizio 5: Scrivere il Diario dell'Istinto

Ti incoraggerò a tenere un diario dell'istinto, registrando pensieri, sensazioni e intuizioni quotidiane. Questo esercizio di scrittura consoliderà il processo di ascolto attivo e ti permetterà di riflettere sulle tue esperienze.

Con questi esercizi guidati, ti invito a esplorare e coltivare la tua connessione con l'istinto. Prenditi il tempo necessario per abbracciare questi momenti di auto-riflessione e scoperta.

Storie di Trasformazione: Esempi di Vita Reale di Chi ha Ascoltato l'Istinto

attraverso storie di vita coinvolgenti che illustrano trasformazioni straordinarie scaturite dall'ascolto dell'istinto. Attraverso decisioni di carriera e scelte relazionali coraggiose, esploreremo come individui intraprendenti abbiano abbracciato il proprio istinto, ottenendo risultati sorprendenti e spesso inaspettati.

Storia 1: Il Salto nel Desconosciuto

Inizia la tua immersione con la storia di Alessandra, una donna che ha deciso di seguire il suo istinto e abbandonare una carriera sicura ma insoddisfacente. Attraverso il coraggio di esplorare l'ignoto, ha scoperto una passione che ha trasformato la sua vita e ha portato a una realizzazione professionale e personale più profonda.

Storia 2: L'Amore Ritrovato

Esplora la storia di Marco, un individuo che ha ascoltato l'istinto nel suo percorso relazionale. Attraverso la consapevolezza delle proprie intuizioni, ha riscoperto un amore autentico, abbandonando vecchi schemi e aprendosi a una connessione più profonda e significativa.

Storia 3: Il Viaggio Interiore

Segui la storia di Elena, una viaggiatrice dell'anima che ha ascoltato l'istinto nel suo viaggio interiore. Attraverso momenti di riflessione e meditazione, ha affrontato paure profonde e ha trovato una pace interiore che ha cambiato radicalmente la sua prospettiva sulla vita.

Storia 4: La Scommessa su Sé Stessi

Incontra Paolo, un imprenditore che ha fatto una scommessa su se stesso ascoltando l'istinto. Attraverso rischi calcolati e decisioni basate sulla sua voce interiore, ha trasformato la sua azienda e ha raggiunto traguardi che inizialmente sembravano impossibili.

Storia 5: La Rinascita Dall'Errore

Concludi il capitolo con la storia di Marta, un individuo che ha imparato a considerare gli errori come preziose lezioni grazie all'istinto. Attraverso la resilienza e l'ascolto attivo della voce interiore, ha trasformato fallimenti apparenti in opportunità di crescita personale.

Queste storie incarnano la potenza trasformativa dell'istinto. Ognuna di esse è un invito a riflettere sulle proprie intuizioni e a considerare come l'ascolto attivo dell'istinto possa aprire porte inimmaginabili nella nostra vita.

Il Ciclo dell'Ascolto: Continuare a Nutrire la Connessione con l'Istinto

Concludiamo questo capitolo con un invito a continuare il ciclo dell'ascolto dell'istinto. Abbiamo esplorato storie di vita affascinanti e condiviso esercizi pratici per aiutarti a connetterti con la tua voce interiore. Ora, ti incoraggiamo a rendere l'ascolto dell'istinto una parte integrante della tua vita quotidiana. Mantenere la Connessione:

- **Pratica Regolare**: Dedica del tempo regolare per esercizi di ascolto, come la meditazione istintiva o la

scrittura del diario
dell'istinto.

- **Consapevolezza del Momento Presente**: Coltiva la consapevolezza del momento presente, permettendo all'istinto di emergere nelle decisioni quotidiane.

- **Esplorazione Continua**: Sii aperto all'esplorazione continua. Nuove esperienze offrono nuovi spunti per l'ascolto attivo dell'istinto.

Nutrire la Connessione:

- **Ambiente Favorabile**: Crea un ambiente favorevole all'ascolto. Trova luoghi tranquilli e momenti di calma per riflettere.

- **Cerchia di Supporto**: Condividi le tue esperienze

con una cerchia di supporto. L'istinto può fiorire in contesti di condivisione e supporto reciproco.

Apprendimento Continuo:

- **Lezioni da Ogni Esperienza**: Considera ogni esperienza, sia positiva che negativa, come un'opportunità di apprendimento dall'istinto.

- **Adattamento Costante**: Sii flessibile e adattati ai cambiamenti. L'istinto può guidarti attraverso nuovi scenari e sfide.

Ricorda che l'ascolto dell'istinto è un processo continuo di apprendimento e crescita personale. Attraverso la consapevolezza e la pratica costante, potrai liberare sempre più questa forza primordiale, aprendo nuove possibilità nella

ricerca di una vita più autentica e
significativa.

Capitolo 5: Il Ruolo dell'Istinto nella Realizzazione Personale

L'Istinto Come Guida Verso le Vette più Alte della Realizzazione Personale

In questo capitolo, gettiamo le basi per la realizzazione personale attraverso l'ascolto attento e consapevole dell'istinto. Esploriamo come questo potente alleato possa essere il motore trainante di traguardi significativi e di una realizzazione personale appagante.

Il Viaggio Verso la Realizzazione: L'Ascolto dell'Istinto Come Prima Tappa

affrontiamo l'istinto come la chiave che sblocca le porte della realizzazione personale. Esaminiamo come l'ascolto profondo di questo compagno interiore possa guidarci verso percorsi unici e autentici, creando un ponte tra chi siamo veramente e chi vogliamo diventare.

L'istinto come Guida Personale:

- **Autenticità**: L'ascolto dell'istinto ci connette con la nostra autenticità più profonda. Quando ci permettiamo di seguire questa guida interna, riveliamo chi siamo veramente al mondo.

- **Ricerca di Scopo**: L'istinto spesso ci orienta verso ciò che ci appassiona veramente, aiutandoci a scoprire il nostro scopo e la direzione della nostra vita.

Percorsi Unici e Autentici:

- **Scelte Guidate dall'Intuito**: Le scelte

basate sull'istinto spesso ci portano fuori dagli schemi convenzionali, aprendo la strada a percorsi unici e personali.

- **Esplorazione di Nuovi Orizzonti**: L'istinto ci invita a esplorare nuovi orizzonti, spingendoci oltre i confini delle nostre comfort zone per abbracciare l'ignoto.

Creare un Ponte tra il Presente e il Futuro:

- **Visione Chiara**: L'ascolto attivo dell'istinto ci fornisce una visione chiara di dove desideriamo andare, fungendo da guida nel nostro percorso di crescita personale.

- **Trasformazione Continua**: Seguire l'istinto implica accettare la trasformazione continua. Ogni passo lungo il cammino rappresenta un capitolo in più nella storia della nostra realizzazione personale.

Attraverso l'istinto, scopriamo una chiave intrinseca per sbloccare il nostro potenziale più elevato. È un compagno fidato che ci guida attraverso le sfide e le vittorie della vita, trasformando il viaggio della realizzazione personale in un'esperienza autentica e significativa.

Storie di Successo: Quando l'Istinto Diventa il Motore Trainante

Immergiamoci in storie coinvolgenti di successo, dimostrando come individui illuminati dall'istinto abbiano raggiunto risultati straordinari. Dalle decisioni imprenditoriali alle scelte di vita avventurose, esploriamo come l'ascolto dell'istinto abbia fornito la spinta necessaria per superare sfide e realizzare sogni altrimenti inimmaginabili.

Decisioni Imprenditoriali Guidate dall'Istinto:

- **Innovazione e Creazione**: Imprenditori di successo spesso attribuiscono le loro innovazioni e creazioni più audaci all'ascolto profondo dell'istinto, che li ha guidati in direzioni inattese.

- **Risk-Taking Calcolato**: L'istinto fornisce un elemento di risk-taking calcolato, spingendo gli individui a intraprendere sfide che, sebbene apparentemente rischiose, alla fine portano a ricompense straordinarie.

Sfide Personali Superate:

- **Trasformazioni di Vita**: Storie di individui che

hanno ascoltato il proprio istinto in momenti cruciali, cambiando completamente la direzione della loro vita e abbracciando trasformazioni significative.

- **Sfide Affrontate con Coraggio**: L'istinto diventa un faro di coraggio nelle sfide personali, guidando gli individui attraverso tempi difficili e portandoli a una realizzazione più profonda di sé.

Realtà dei Sogni Realizzati:

- **Sogni Inimmaginabili**: Esploriamo come l'istinto abbia permesso a individui di realizzare sogni che sembravano inimmaginabili, trasformando visioni audaci in una realtà tangibile.

- **Forza Trainante del Successo**: In molte storie di successo, l'istinto emerge come la forza trainante che ha catalizzato azioni e decisioni fondamentali per raggiungere traguardi straordinari.

Attraverso queste storie coinvolgenti, speriamo di ispirarti a ascoltare il tuo istinto, considerandolo come una guida preziosa nella tua ricerca di successo e realizzazione personale.

Dall'Intuizione all'Azione: L'Istinto Come Innesco di Azioni Significative

Analizziamo come l'istinto non sia solo un consigliere passivo, ma un catalizzatore che ci spinge all'azione. Esploriamo come la connessione con l'istinto possa trasformare l'intuizione in azioni concrete, creando un legame diretto tra il mondo interiore e il mondo esterno.

L'istinto come Catalizzatore dell'Azione:

- **Spinta all'Avventura**: L'istinto, quando ascoltato attentamente, diventa una forza che spinge verso avventure audaci e nuove esperienze, portando l'individuo a esplorare terreni inesplorati.

- **Transformazione delle Intuizioni in Azioni**: Esaminiamo come l'istinto trasforma intuizioni e percezioni interiori in azioni concrete, permettendo agli individui di tradurre i loro pensieri più profondi in realtà tangibili.

Connessione tra Mondo Interno
ed Esterno:

- **Armonizzazione degli Elementi**: L'ascolto dell'istinto facilita l'armonizzazione tra il mondo interiore delle emozioni, delle aspirazioni e delle intuizioni e il mondo esterno delle opportunità e delle sfide.

- **Guida nell'Esplorazione del Mondo Esterno**: L'istinto diventa una bussola che guida l'individuo nell'esplorazione del mondo esterno, permettendo di fare scelte più allineate con la propria essenza.

Realizzazione attraverso Azioni Guidate dall'Istinto:

- **Azioni Significative**: Esploriamo come le azioni guidate dall'istinto siano spesso cariche di significato e coerenza, contribuendo alla realizzazione personale in modi profondi.

- **Autenticità nel Comportamento**: L'istinto, quando si traduce in azioni, crea una manifestazione autentica di chi si è veramente, contribuendo alla costruzione di relazioni sincere e gratificanti.

Attraverso questa esplorazione, speriamo di ispirarti a considerare l'istinto non solo come una voce interna, ma come un motore che trasforma pensieri e desideri in azioni significative e autentiche.

Il Rispetto dell'Individualità: Come L'istinto Fa Emergere la Nostra Unicità

esaminiamo come l'ascolto dell'istinto conduca al rispetto della nostra individualità. Attraverso decisioni guidate dall'istinto, scopriamo come emergano le nostre peculiarità e come la realizzazione personale sia strettamente connessa con l'accettazione e la celebrazione di ciò che ci rende unici.

L'istinto come Guida alla Scoperta di Sé:

- **Riscoperta delle Peculiarità**: L'ascolto attento dell'istinto funge da guida nella riscoperta delle nostre peculiarità uniche, mettendo in luce gli aspetti distintivi della nostra personalità.

- **Accettazione di Sé**:
  Esploriamo come seguire
  l'istinto favorisca
  l'accettazione di sé,
  incoraggiando l'individuo a
  abbracciare le
  caratteristiche che li
  distinguono dagli altri.

Connessione tra Istanza e
Identità:

- **Autenticità nelle
  Decisioni**: L'istinto,
  quando seguito senza
  riserve, conduce a
  decisioni autentiche che
  riflettono chi siamo
  veramente, permettendo
  una connessione più
  profonda con la nostra
  identità.

- **Celebrazione della
  Diversità**: Attraverso storie
  di coloro che hanno
  abbracciato il proprio
  istinto, esploriamo come
  questa celebrazione della

diversità individuale porti a una maggiore soddisfazione e realizzazione personale.

La Realtà della Nostra Unicità:

- **Rispetto per le Scelte di Vita**: L'ascolto dell'istinto spinge verso scelte di vita che rispettano la nostra individualità, contribuendo alla creazione di un percorso unico di crescita e sviluppo.

- **Impatto sul Benessere Emotivo**: Esaminiamo come la coerenza tra le decisioni guidate dall'istinto e la nostra vera natura contribuisca al benessere emotivo, creando una base solida per la realizzazione personale.

Celebriamo la Nostra Autenticità:

- **Autenticità come Chiave della Felicità**: Attraverso esempi di individui che hanno abbracciato la propria autenticità, evidenziamo come questo sia un passo fondamentale verso una vita più felice e appagante.

- **Contributo Unico all'Universo**: Concludiamo riflettendo su come rispettare e seguire il nostro istinto non solo ci avvicina alla realizzazione personale, ma contribuisce anche a un mosaico più ricco e diversificato nell'ambito dell'universo.

Attraverso questa esplorazione, ti invitiamo a onorare e rispettare la tua individualità, scoprendo come l'istinto può essere il faro che guida verso una comprensione più profonda di te stesso.

L'Equilibrio Tra Rischio e Sicurezza: La Danza Sottile dell'Istinto

esploriamo il delicato equilibrio tra rischio e sicurezza, affrontando il fatto che l'istinto spesso ci guida in territori sconosciuti. Attraverso storie di individui che hanno abbracciato l'incertezza, dimostriamo come l'istinto possa essere un alleato anche in situazioni apparentemente rischiose, aprendo la strada a opportunità inaspettate.

Navigare nell'Incognita:

- **L'Istinto come Bussola nell'Incognito:** Analizziamo come l'istinto sia la bussola affidabile che ci guida attraverso l'incertezza, consentendoci di navigare con fiducia in territori sconosciuti.

- **Storie di Coraggio e Rischio**: Attraverso storie coinvolgenti di individui che hanno seguito il loro istinto anche quando la strada sembrava incerta, illustreremo come il coraggio nel rischio può portare a esperienze di vita straordinarie.

Opportunità nei Momenti di Rischio:

- **Il Rischio come Porta verso Opportunità**: Esaminiamo come l'istinto, seguito coraggiosamente, possa rivelare opportunità nascoste dietro le porte del rischio, mostrando che ciò che sembra pericoloso può essere una strada verso la crescita personale.

- **Il Coraggio di Abbracciare l'Imperfezione**: Riflettiamo su come l'ascolto dell'istinto ci incoraggi a abbracciare l'imperfezione e ad aprirci alle imperfezioni della vita, trasformando situazioni rischiose in momenti di crescita.

Lezione dall'Incertezza:

- **Il Risultato Non Sempre Prevedibile**: Illustreremo come l'istinto, anche se potrebbe portare a risultati inaspettati, è un compagno prezioso nella ricerca della nostra vera vocazione e felicità.

- **Sicurezza nell'Abbracciare l'Irrisolvibile**: Concludiamo riflettendo su come la vera sicurezza risieda nell'abilità di abbracciare l'irrisolvibile, riconoscendo che il percorso dell'istinto può portare a una ricchezza di esperienze e realizzazioni.

Attraverso questa esplorazione, ti invitiamo a considerare il ruolo fondamentale del rischio nell'ascolto dell'istinto, scoprendo che, a volte, è nell'incertezza che si trovano le opportunità più significative.

La Realizzazione Personale Come Processo Continuo: Coltivare la Connessione con l'Istinto nel Tempo

Concludiamo questo capitolo ribadendo che la realizzazione personale è un processo continuo e dinamico. Offriamo strategie concrete per coltivare la connessione con l'istinto nel tempo, riconoscendo che le nostre aspirazioni e desideri possono evolversi. L'istinto, come bussola interiore, ci guida attraverso le diverse fasi della vita.

Coltivare la Connessione nel Tempo:

- **Adattabilità e Crescita Personale**: Esploriamo come l'adattabilità sia una virtù chiave nel mantenere una connessione profonda con l'istinto. Il processo di adattamento ci permette di crescere insieme al nostro istinto in evoluzione.

- **Rispetto per le Fasi della Vita**: Riflettiamo sul rispetto per le diverse fasi della vita e su come l'istinto possa fornire indicazioni preziose su quale percorso intraprendere in ciascuna di esse.

Un Viaggio Continuo:

- **Il Ciclo dell'Ascolto**: Illustreremo come l'ascolto dell'istinto non sia un singolo atto, ma piuttosto un ciclo continuo. Ogni fase della vita presenta nuove sfide e opportunità, e l'istinto è il compagno fidato che ci guida attraverso questi cicli.

- **Strategie per Mantenere la Connessione**: Offriremo pratiche e strategie per mantenere la connessione con l'istinto nel quotidiano, incoraggiando il lettore a fare dell'ascolto istintivo una parte integrante del proprio stile di vita.

La Guida dell'Istinto verso la Realizzazione Personale:

- **Riflessione sulla Progressione Personale**: Concludiamo riflettendo sulla progressione personale e su come l'ascolto costante dell'istinto sia la chiave per raggiungere vette sempre più alte nella nostra ricerca di realizzazione personale.

- **Il Viaggio Verso una Vita Autentica e Appagante**: Invitiamo il lettore a intraprendere un viaggio continuo verso una vita autentica e appagante, dove l'istinto si rivela come il motore principale per raggiungere la realizzazione personale più profonda.

Attraverso la lettura di questo capitolo, speriamo che tu sia ispirato dalla consapevolezza del ruolo essenziale dell'istinto nella tua ricerca di una realizzazione personale significativa. Le storie di successo emergono chiaramente, sottolineando che ascoltare l'istinto è il passo

fondamentale per raggiungere le
vette più alte della realizzazione
personale.

Capitolo 6: Affrontare la Paura e il Fallimento

Il Timore Inevitabile: Esplorare la Paura come Ostinato Compagno dell'Istinto

In questo capitolo, ci immergiamo nel complesso territorio della paura, riconoscendo come essa sia spesso un compagno inossidabile lungo il sentiero dell'istinto. Analizziamo le radici profonde della paura, esplorando il suo impatto sulla nostra capacità di ascoltare e seguire l'istinto.

Il Nemico Interno: Come la Paura Ostacola l'Ascolto dell'Istinto

esamineremo come la paura diventi un nemico interno, limitando la nostra capacità di ascoltare l'istinto. Attraverso esempi concreti, metteremo in luce come la paura del fallimento possa agire come un filtro distorsivo, offuscando la chiarezza dell'istinto e portandoci a decisioni basate su ansie irrazionali.

La Paura del Fallimento come Ostacolo:

- **Analisi della Paura**: Approfondiremo le radici della paura del fallimento e come questa emozione possa radicarsi profondamente nel nostro subconscio. Esploreremo come la società moderna possa contribuire a intensificare questa paura.

- **Il Filtro della Paura**: Descriveremo come la paura del fallimento possa agire come un filtro attraverso il quale percepiamo e valutiamo le nostre opzioni. Questo filtro può alterare la nostra percezione dell'istinto, inducendoci a ignorare segnali cruciali.

Ansie Irrazionali e Distorsioni:

- **Lezione dalle Ansie Irrazionali**: Esamineremo ansie irrazionali che emergono dalla paura del fallimento, analizzando come queste ansie possano distorcere la nostra valutazione delle situazioni e influenzare le decisioni.

- **Impatto sul Processo Decisionale**: Illustreremo come la paura possa influenzare il processo decisionale, portandoci a evitare opportunità potenzialmente gratificanti o a perseguire percorsi che vanno contro il nostro istinto più profondo.

Affrontare la Paura:

- **Strategie per Gestire la Paura**: Offriremo strategie pratiche per gestire la paura del fallimento, inclusi esercizi di consapevolezza e tecniche di affronto. Queste strategie mirano a liberare l'istinto dalla stretta della paura, consentendo un ascolto più puro e autentico.

- **Trasformare la Paura in Forza**: Esploreremo come possiamo trasformare la paura del fallimento in una forza motivante anziché paralizzante. Invece di vederla come un ostacolo, impareremo a utilizzare la paura come catalizzatore per il cambiamento e la crescita.

Concludiamo il capitolo incoraggiandoti a esplorare la tua relazione con la paura del

fallimento e a sviluppare le
competenze necessarie per
affrontarla con coraggio. Liberare
l'istinto da questa paura è un
passo fondamentale per
permettergli di fluire liberamente e
guidarti verso la realizzazione
personale.

**Riscrivere il Racconto: Come
Ridisegnare il Significato del
Fallimento**

Esaminiamo come possiamo
riscrivere il racconto del
fallimento, spogliandolo da
connotazioni negative. Attraverso
esempi di figure di successo che
hanno vissuto insuccessi,
mostriamo come il fallimento
possa essere visto come un
passo cruciale sulla strada del
successo, anziché un verdetto
definitivo.

La Forza del Ritorno: Come il Fallimento Nutre la Resilienza dell'Istinto

Analizziamo come il fallimento possa nutrire la resilienza dell'istinto. Attraverso la comprensione dei fallimenti come insegnamenti preziosi, evidenziamo come l'ascolto dell'istinto diventi più robusto e sagace, alimentato dalle lezioni apprese attraverso le sfide superate.

Il Coraggio di Continuare: Affrontare la Paura Come Parte Integrale del Percorso con l'Istinto

Concludiamo il capitolo sottolineando il coraggio necessario per continuare a seguire l'istinto nonostante la paura persistente. Forniamo un quadro per comprendere che la paura è una compagna di viaggio inevitabile, ma che con la giusta prospettiva e le competenze acquisite attraverso il fallimento, possiamo ancora avanzare con fiducia lungo il nostro percorso di ascolto e realizzazione dell'istinto. Attraverso l'affrontare apertamente la paura e il fallimento, questo capitolo offre non solo strategie pratiche ma anche una prospettiva trasformativa sulla relazione tra queste sfide e l'ascolto dell'istinto. Riconoscere la paura come parte integrante del viaggio con l'istinto diventa una chiave per superare gli ostacoli e abbracciare appieno la ricchezza di questa connessione interiore.

Capitolo 7: Apprendere dall'Istinto - Lezioni da Errori Passati

L'Alchimia degli Errori: Come gli Errori si Trasformano in Maestri di Vita

In questo capitolo, immergiamoci nell'alchimia degli errori, riconoscendo che ogni passo falso può diventare un maestro di vita prezioso. Esploreremo come l'istinto, anche quando sembra indurci lungo strade errate, possa in realtà offrirci lezioni fondamentali per la crescita personale e spirituale.

La Prospettiva del Ritorno: Rivisitare gli Errori con Occhi Nuovi

Esaminiamo come la prospettiva del ritorno, ossia la riflessione su errori passati, ci permetta di rivisitarli con occhi nuovi. Attraverso casi studio, analizzeremo come individui illuminati dall'istinto abbiano affrontato i propri errori con apertura mentale, trasformandoli da ostacoli a gradini sulla scala della crescita personale.

Oltre la Colpa: Come Superare il Senso di Colpa Associato agli Errori

Affrontiamo il tema del senso di colpa associato agli errori. Esploriamo come l'istinto possa aiutarci a superare la colpa attraverso la comprensione che ogni errore è un'opportunità di apprendimento. Forniamo strategie per abbracciare gli errori senza condannarci, ma piuttosto imparando da essi con saggezza.

Case Study di Successo: Errori Come Ponti verso il Successo

Attraverso casi studio, dimostriamo come individui di successo abbiano utilizzato gli errori come ponti verso il successo. Esploreremo come l'istinto li abbia guidati attraverso situazioni difficili, trasformando gli ostacoli in trampolini per nuove opportunità e realizzazioni.

Le Lezioni Nascoste: Come l'Istinto Svela Profonde Verità attraverso gli Errori

Esaminiamo come l'istinto possa svelare profonde verità attraverso gli errori. Attraverso riflessioni su scelte passate, mostriamo come l'istinto possa fungere da guida interiore, portandoci a rivelazioni che, sebbene dolorose, sono essenziali per la nostra crescita spirituale ed emotiva.

Rinascita dall'Errore: Come l'Istinto Favorisce la Rigenerazione Personale

Esploriamo il concetto di rinascita dall'errore, evidenziando come l'istinto favorisca la rigenerazione personale. Analizziamo storie di individui che, attraverso il processo di apprendimento dagli errori, hanno sperimentato una crescita profonda, trasformandosi in versioni più consapevoli e autentiche di se stessi.

L'Abbraccio della Vulnerabilità: Come l'Istinto Ci Insegna ad Accogliere l'Imperfezione

Concludiamo il capitolo riflettendo sull'abbraccio della vulnerabilità, un aspetto fondamentale nell'apprendere dall'istinto. Esploriamo come l'istinto ci insegni ad accogliere l'imperfezione e ad abbracciare la nostra umanità, rendendo ogni errore un tassello essenziale nel mosaico della nostra esistenza. Attraverso questo capitolo, i lettori saranno guidati a riconsiderare la percezione degli errori come fallimenti, apprendendo a vederli come ponti verso una crescita personale più profonda e una comprensione più acuta dell'istinto come guida saggia attraverso i percorsi intricati della vita.

Capitolo 8: Rispetto per l'Istinto e la Comunità Universale

Il Legame Universale: Come l'Istinto Ci Collega all'Intero Universo

In questo capitolo, esploriamo il potente legame tra l'istinto e l'intero universo. Analizzeremo come l'ascolto rispettoso dell'istinto non solo contribuisca alla nostra realizzazione personale, ma si estenda anche alla connessione con gli altri esseri e all'equilibrio dell'universo nel suo complesso.

L'Istinto Come Ponte Empatico: Connessione con gli Altri Esseri

Esaminiamo come l'istinto possa fungere da ponte empatico, consentendoci di connetterci più profondamente con gli altri esseri. Attraverso esempi di empatia istintiva, mostriamo come l'ascolto rispettoso dell'istinto possa essere il fondamento per relazioni più autentiche e comprensive.

Il Dono della Presenza: Come l'Istinto Favorisce la Consapevolezza Sociale

Approfondiamo il concetto del dono della presenza, evidenziando come l'istinto favorisca la consapevolezza sociale. Esaminiamo come, ascoltando attentamente l'istinto, possiamo diventare agenti di cambiamento positivo nelle nostre comunità, costruendo legami significativi basati sulla comprensione e sulla collaborazione.

La Responsabilità dell'Istinto: Contribuire al Benessere Collettivo

Esploriamo la responsabilità associata all'istinto, sottolineando

come la sua corretta
interpretazione e applicazione
possa contribuire al benessere
collettivo. Analizziamo come le
decisioni prese ascoltando
l'istinto possano influenzare
positivamente la società,
promuovendo valori di solidarietà,
equità e sostenibilità.

**L'Armonia Universale: Equilibrio
attraverso l'Istinto Rispettoso**

Discutiamo del ruolo dell'istinto
nel mantenere l'armonia
universale. Esploriamo come il
rispetto per l'istinto, sia a livello
individuale che collettivo, possa
contribuire a un equilibrio più
sano nell'intero sistema
dell'universo, favorendo la
diversità e la coesistenza pacifica.

**L'Ecologia dell'Istinto:
Sostenibilità attraverso le
Scelte Istintive**

Analizziamo l'ecologia dell'istinto,
evidenziando come le nostre

scelte istintive possano influenzare l'ambiente e il pianeta. Attraverso esempi di pratiche sostenibili guidate dall'istinto, dimostriamo come questo possa essere un alleato cruciale nella promozione di comportamenti responsabili verso il nostro habitat.

Le Catene di Conseguenza: Come le Decisioni Individuali Impattano l'Universo

Concludiamo il capitolo riflettendo sulle catene di conseguenza delle decisioni individuali e collettive. Forniamo esempi di come le scelte basate sull'istinto possono generare un impatto a cascata nell'universo, creando un mondo più armonioso e rispettoso della vita in tutte le sue forme. Attraverso questo capitolo, i lettori saranno guidati a riconsiderare l'istinto non solo come una forza personale, ma come un ponte verso una connessione più ampia con l'intera comunità universale. Il rispetto per l'istinto non solo contribuisce alla realizzazione individuale, ma si estende come un atto di responsabilità e amore verso il benessere globale e l'equilibrio dell'universo.

Capitolo 9: Vivere e Manifestare l'Istinto Animale

L'Istinto Animale: La Forza Primordiale in Noi

In questo capitolo, ci immergiamo nella comprensione più profonda dell'"istinto animale". Esploriamo come questa forza primordiale, radicata nel nostro essere, possa essere una guida potente nella nostra vita quotidiana. Analizziamo come l'istinto animale rappresenti la saggezza intrinseca che ci collega al nostro lato più selvaggio e autentico.

L'Integrazione dell'Istinto: Un Viaggio Verso la Consapevolezza Animale

Discutiamo del processo di integrazione dell'istinto nella nostra esistenza quotidiana. Esploriamo come possiamo intraprendere un viaggio verso una maggiore consapevolezza animale, riconnettendoci con l'essenza primordiale che risiede in noi e abbracciando la sapienza dell'istinto animale.

Il Potere della Presenza: Vivere nel Qui e Ora attraverso l'Istinto Animale

Approfondiamo il concetto del potere della presenza attraverso l'istinto animale. Esaminiamo come l'ascolto di questa forza primordiale ci permetta di vivere nel qui e ora, rompendo le catene del passato e del futuro per abbracciare la ricchezza del momento presente.

Decidere con Saggezza: Come l'Istinto Animale Guida le Decisioni Quotidiane

Esploriamo come l'istinto animale possa guidare saggiamente le nostre decisioni quotidiane. Attraverso consigli pratici, illustreremo come ascoltare l'istinto nelle scelte che plasmano il nostro destino, riconoscendo l'istinto animale come bussola affidabile nelle acque spesso tumultuose della vita.

Relazioni Autentiche: Come Coltivare Connessioni Profonde attraverso l'Istinto Animale

Discutiamo del ruolo dell'istinto animale nella coltivazione di relazioni autentiche. Esploriamo come ascoltare questa forza primordiale possa migliorare la qualità delle nostre interazioni, permettendoci di connetterci più profondamente con gli altri in modo autentico e significativo.

La Creatività Selvaggia: Manifestare l'Istinto Animale attraverso l'Espressione Creativa

Analizziamo come l'istinto animale possa essere manifestato attraverso l'espressione creativa.

Esploriamo come l'ascolto di questa forza primordiale possa liberare la creatività selvaggia che risiede in ciascuno di noi, permettendoci di esplorare nuovi territori artistici e innovativi.

Esercizi Pratici: Integrare l'Istinto Animale nella Vita di Tutti i Giorni

Offriamo una serie di esercizi pratici per integrare l'istinto animale nella vita quotidiana. Da pratiche di consapevolezza a esercizi di esplorazione sensoriale, questi strumenti pratici consentiranno ai lettori di sintonizzarsi con la loro natura animale e applicare questa consapevolezza in ogni aspetto della vita.

Il Ciclo della Rinascita: Manifestare Continuamente l'Istinto Animale

Concludiamo il capitolo con una riflessione sul ciclo della rinascita attraverso l'istinto animale. Sottolineiamo come vivere e manifestare questa forza primordiale sia un processo continuo di crescita e rinnovamento, un fluire costante che ci connette alla vitalità della vita stessa.

Attraverso questo capitolo, i lettori saranno ispirati a esplorare e abbracciare l'istinto animale come una forza guida nella loro esistenza quotidiana. Integrare questa saggezza primordiale non solo arricchirà le loro vite individuali, ma contribuirà anche a creare un mondo in cui la connessione con la nostra natura essenziale è onorata e celebrata.

Capitolo 10: Il Cammino Continuo con l'Istinto

Il Viaggio Senza Fine: L'Istinto come Compagno di Vita Duraturo

In questo capitolo finale, esploriamo il concetto del viaggio senza fine con l'istinto. Analizziamo come questa connessione vitale possa essere un compagno costante nella nostra esistenza, guidandoci attraverso i vari capitoli della vita con saggezza e intuizione.

L'Adattamento Continuo: Come Mantenere la Connessione con l'Istinto in Mezzo ai Cambiamenti

Discutiamo dell'importanza dell'adattamento continuo nel mantenere la connessione con l'istinto. Esaminiamo come, di fronte ai cambiamenti inevitabili della vita, possiamo coltivare la flessibilità mentale necessaria per continuare ad ascoltare l'istinto, anche in nuovi contesti e scenari.

La Guida attraverso le Tempeste: Affrontare le Sfide con l'Istinto al Timone

Approfondiamo come l'istinto possa fungere da guida attraverso le tempeste della vita. Esploriamo storie di individui che, di fronte a sfide significative, hanno trovato nell'istinto una bussola affidabile, aiutandoli a navigare le acque difficili e a emergere più forti e più saggi.

La Spiritualità dell'Istinto: Un Cammino Profondo e Trascendentale

Esaminiamo il concetto della spiritualità dell'istinto, sottolineando come questa connessione possa evolversi in un cammino profondo e trascendentale. Attraverso pratiche di meditazione e riflessione, esploriamo come l'ascolto dell'istinto possa condurci a una comprensione più profonda del nostro essere e del significato della vita.

La Comunità degli Ascoltatori dell'Istinto: Condividere Esperienze e Crescere Insieme

Discutiamo della formazione di una comunità di individui impegnati nell'ascolto dell'istinto. Esploriamo come condividere esperienze e apprendimenti con altri possa arricchire il nostro cammino, creando una rete di supporto e ispirazione reciproca nell'esplorare le profondità dell'istinto.

La Bellezza della Riflessione: Il Potere dell'Introspezione Continua

Approfondiamo il concetto della bellezza della riflessione

nell'ascolto continuo dell'istinto. Esaminiamo come la pratica dell'introspezione continua possa rafforzare la connessione con l'istinto, offrendoci spazi per apprezzare la bellezza e la profondità della nostra esperienza interiore.

L'Innovazione dell'Istinto: Adottare la Creatività Costante nel Vivere

Esploriamo come l'istinto possa essere un motore costante di innovazione nella nostra vita. Attraverso l'adozione di una mentalità creativa e aperta, mostriamo come possiamo continuamente reinventare il nostro cammino, sperimentando nuove modalità di ascolto e manifestazione dell'istinto.

Il Rispetto per l'Inevitabile Cambiamento: Vivere con Accettazione e Gratitudine

Concludiamo il capitolo riflettendo sul rispetto per l'inevitabile cambiamento. Esaminiamo come, nel cammino continuo con l'istinto, possiamo imparare ad accettare e abbracciare il fluire della vita con gratitudine, riconoscendo che ogni fase porta con sé lezioni preziose e opportunità di crescita. Attraverso questo capitolo conclusivo, chiudiamo il libro offrendo ai lettori una visione prospettica del loro viaggio con l'istinto. Il cammino continuo è un invito a esplorare, apprendere e crescere, mantenendo viva la connessione con questa forza primordiale che, quando coltivata con consapevolezza e rispetto, continua a guidarci in un viaggio straordinario attraverso la vita.

Conclusione

In questo viaggio attraverso le pagine di "Sapienza Animale: Guida Pratica per Vivere e Manifestare l'Istinto", abbiamo esplorato insieme le profondità della nostra natura più autentica. Ci siamo addentrati nei meandri dell'istinto, abbiamo sfidato le convenzioni della società moderna, e abbiamo imparato ad ascoltare quella voce interna che conosce la saggezza senza bisogno di spiegazioni.

Ogni capitolo è stato un passo verso la comprensione profonda di questa forza primordiale che risiede in ognuno di noi. Ma ora, mentre ci prepariamo a chiudere questo libro, vogliamo porgervi un invito: l'invito all'azione.

Il vero valore di questa guida risiede nella sua applicazione pratica nella vostra vita quotidiana. Vi sfidiamo a esplorare le vostre decisioni quotidiane con l'occhio attento dell'istinto, a connettervi più profondamente con gli altri attraverso la saggezza animale e a manifestare la vostra creatività selvaggia in ogni momento.

Il cammino con l'istinto è un impegno continuo, una scelta consapevole di vivere con autenticità e consapevolezza. Vi incoraggiamo a mettere in pratica gli esercizi proposti, a condividere le vostre esperienze con la comunità degli ascoltatori dell'istinto, e a abbracciare ogni sfida come un'opportunità di crescita.

Ricordate che l'istinto è un compagno fedele che può guidarvi attraverso le tempeste della vita. Non abbiate paura di ascoltarlo, anche quando il percorso sembra oscuro o incerto. È nell'ascolto di questa voce interiore che troverete la chiave per una vita più autentica, significativa e appagante.

Il futuro è un territorio inesplorato, ma voi avete ora una bussola affidabile - il vostro istinto. Che il viaggio con l'istinto sia il vostro compagno fedele, un faro che illumina il cammino della vostra esistenza. Andate avanti con coraggio, consapevolezza e gratitudine, poiché ogni passo è un'opportunità per manifestare la vostra sapienza animale.

Vi auguriamo un viaggio straordinario e appassionante con l'istinto. Che la vostra vita sia permeata dalla consapevolezza, arricchita dalla saggezza e illuminata dalla luce della vostra autenticità. Buon cammino!